COMMISSION D'ENQUÊTE

D'UNE GARE DE TRANSIT

AUX AUBRAIS,

COMMUNE DE FLEURY, PRÈS ORLÉANS.

ORLÉANS,

IMPRIMERIE DE PAGNERRE.

—

1854.

PROCÈS-VERBAUX

Séance du lundi 3 avril 1854.

L'an mil huit cent cinquante-quatre, le trois avril, heure de midi, en exécution de l'arrêté de M. le Préfet du Loiret, en date du 7 mars dernier, les membres de la Commission d'enquête, appelés à donner un avis sur l'utilité d'une gare de transit aux Aubrais, commune de Fleury-aux-Choux, se sont réunis à Orléans, en l'hôtel de la Préfecture.

Etaient présens MM. Lacave, maire d'Orléans, *président*; de Morogues, membre du Conseil général; Lesourd, membre du Conseil général; d'Illiers, membre du Conseil d'arrondissement ; Germon-Douville, président de la Chambre de commerce ; Varnier-Roger, membre de la Chambre de commerce, et Vignat, membre du Conseil d'arrondissement.

M. Olivier, ingénieur en chef des ponts-et-chaussées du département du Loiret, assiste à la réunion et représente l'administration.

M. le Président ouvre la séance et lit l'arrêté qui institue la Commission d'enquête et en donne la présidence à M. Lacave.

Il est ensuite procédé à la nomination d'un secrétaire. M. Vignat ayant réuni la majorité des suffrages prend place au bureau, et, sur l'invitation de M. le Président, donne lecture du registre d'enquête, des pétitions qui y sont jointes, des mémoires qui ont été présentés par le Conseil municipal d'Orléans, de la délibération prise à l'unanimité par ce Conseil le 30 mars dernier, et enfin du rapport de la Chambre de Commerce de l'arrondissement d'Orléans sur le même objet.

La Commission se réunit à la Chambre de Commerce pour exprimer le vœu que cette Chambre soit appelée à donner un nouvel avis après la clôture des travaux de la Commission d'enquête, ainsi que cela a lieu ordinairement.

M. le Président procède à l'examen des registres et pétitions déposés sur le bureau, et constate que des habitans d'Orléans, au nombre de 8,206, parmi lesquels se trouve la généralité des notables, ont protesté contre le projet soumis à l'enquête. Il constate, en outre, que des habitans de 54 communes circonvoisines d'Orléans ont adhéré, Maires, Adjoints et conseillers municipaux en tête, à cette protestation, et que le nombre de ces signatures est de 3,816, ce qui élève le total des opposans à 12,022.

M. le Président constate également que 46 habitans de

Fleury-aux-Choux et de Saran , communes limitrophes de la gare des Aubrais , émettent un avis favorable sur l'établissement projeté, mais en posant cette condition qu'aucun chemin vicinal ne sera supprimé par suite de cette création.

Un membre fait observer que plusieurs chemins et sentiers jurés traversent les terrains demandés par la Compagnie , et qu'il serait difficile, sinon impossible, de conserver des voies publiques de communication dans une gare de Chemin de fer. Il ajoute que la pétition des habitans de Fleury et de Saran est motivée non pas sur les satisfactions à donner aux intérêts généraux , mais sur les avantages particuliers que leurs communes doivent retirer de l'établissement projeté aux Aubrais.

Sur l'observation que toutes les pièces de l'enquête doivent être soumises à M. le Ministre des Travaux publics , la Commission décide qu'elle n'entrera pas dans la discussion des observations consignées dans les registres d'enquête , pétitions, mémoires et délibérations.

M. le Président invite M. Olivier , ingénieur en chef du département du Loiret , à faire connaître son opinion sur le projet de la Compagnie du Chemin de fer d'Orléans.

M. l'Ingénieur en chef examine la question au double point de vue de l'intérêt général et de l'intérêt de la Ville. Il déclare que le public ne retirerait aucun avantage de l'établissement projeté , et que l'étude de la marche des trains et des nécessités du service l'a amené à reconnaître que l'exploitation simultanée de deux gares aussi rapprochées que le seraient celles d'Orléans et des Aubrais , lesquelles doivent être en correspondance à tous les convois, multiplierait les chances de retard et ferait disparaître l'économie de temps que procurerait le raccourci de 12 à 1500 mètres donné aux trains express.

Il appuie cette assertion d'exemples pris dans l'organisation des convois express qui stationnent actuellement aux Aubrais et n'entrent pas à Orléans.

M. l'Ingénieur en chef examine ensuite les modifications que devrait subir la gare d'Orléans pour satisfaire aux exigences que commande le développement du trafic. Il expose deux systèmes qui paraissent à la Commission devoir concilier les intérêts du public et de la Ville, et il explique avec une grande lucidité les plans de la station nouvelle.

M. le Président remercie M. l'Ingénieur en chef de son intéressante communication et propose, avant de prendre une décision, de demander à la Compagnie des renseignemens précis sur l'établissement projeté aux Aubrais.

La Commission adhère à cette proposition et prie M. le Président d'inviter l'administration du Chemin de fer d'Orléans à envoyer un délégué pour donner les explications dont la Commission d'enquête a besoin.

La séance est levée à trois heures et renvoyée à lundi prochain.

Ont signé : MM. Lacave, *Président* ; A. de Morogues, Lesourd, Ernest d'Illiers, Germon-Douville, Varnier-Roger, et Vignat, *Secrétaire*.

Séance du lundi 10 avril.

L'an mil huit cent cinquante-quatre, le dix avril, heure de midi, la Commission appelée à donner son avis sur l'établissement d'une gare de transit aux Aubrais s'est de nouveau réunie en l'hôtel de la Préfecture d'Orléans.

Etaient présens MM. Lacave, *Président;* de Morogues, Lesourd, d'Illiers, Vignat, *Secrétaire*, et M. Olivier, ingénieur en chef du département, représentant l'administration. Sont excusés MM. Germon-Douville, qu'une perte cruelle retient dans sa famille, et Varnier-Roger, absent d'Orléans.

Le procès-verbal de la précédente séance est lu et adopté.

M. le Président donne communication d'une lettre de M. Herman, ingénieur en chef, qui lui annonce être délégué par la Compagnie du chemin de fer d'Orléans, pour fournir à la Commission toutes les explications dont elle aura besoin. M. Herman est introduit.

M. le Président l'invite à donner les renseignemens les plus précis sur la gare de transit projetée aux Aubrais.

M. l'Ingénieur commence par se féliciter d'être enfin à même d'expliquer les intentions et les projets de la Compagnie sur lesquels on s'est étrangement mépris à Orléans; il espère prouver que les craintes de la population sont exagérées, et que les dissidences qui paraissent exister entre la Ville et le Chemin de fer sont le résultat d'un malentendu. D'abord, ce que la Compagnie veut fonder aux Aubrais n'est pas précisément une gare, puisque des billets de place n'y seront pas donnés et que les voyageurs n'en pourront pas sortir ; si donc on se sert de ce terme, c'est que le Dictionnaire de la langue des Chemins de fer n'en fournit pas d'autre plus exact. A proprement parler, l'établissement des Aubrais doit être le prolongement de la station d'Orléans. Aucune modification importante ne doit d'ailleurs être faite, quant à présent, au service actuel de la gare de Fleury établie depuis dix-huit mois ; il est seulement question de l'améliorer pour les voyageurs et de disposer des voies supplémentaires pour le garage de certains trains de marchandises, de bestiaux et de véhicules vides. Chacun de ces points de la discussion sera successivement examiné.

En ce qui concerne les voyageurs, poursuit M. l'Ingénieur de la Compagnie, les trains express seuls continueront à s'arrêter aux Aubrais, et il n'y en a que deux actuellement ; tous les autres trains viendront encore se décomposer ou se compléter dans la gare d'Orléans. L'accélération de la vitesse ne s'obtient qu'à l'aide d'énormes sacrifices, et l'intérêt de la Compagnie doit servir de garant que les trains express seront toujours peu nombreux et constitueront l'exception. Jusqu'ici les voyageurs ont été assez peu bien traités aux Aubrais ; ils sont demeurés à ciel découvert sur la voie et n'ont eu qu'un buffet très-insuffisant. C'est cet état de choses qu'il s'agit de changer. La Compagnie désire donner aux voyageurs toutes les facilités que peut leur procurer une installation convenable de la station projetée. Ce que la Compagnie d'Orléans veut entreprendre à la bifurcation de Fleury n'a d'ailleurs rien de nouveau et d'insolite, les autres chemins de fer de France en offrent plusieurs exemples. Sur les points où se trouvent des gares à rebroussement, et notamment à Amiens, à Lille et à

Rouen, vous avez vu, en effet, fonder des établissemens semblables à celui que nous projetons. Il n'y a peut-être pas une analogie complète, surtout en ce qui concerne Lille et Rouen, entre les stations dont il est ici question et celle des Aubrais; mais enfin vous remarquerez qu'on tend à se passer des gares à rebroussement.

Quant aux convois de voyageurs, autres que ceux express et pour lesquels une grande vitesse n'est pas indispensable, il est bien entendu qu'ils continueront à entrer dans l'embarcadère d'Orléans. En un mot, la Compagnie ne veut pas faire pour les voyageurs autre chose que ce qu'elle a déjà fait, elle veut seulement le faire dans des conditions meilleures. En agissant ainsi, elle a la confiance de satisfaire aux intérêts généraux, et elle croit d'ailleurs répondre aux intentions de l'administration supérieure, qui a déjà donné l'autorisation nécessaire à l'établissement des Aubrais pour les voyageurs, et qui sollicite et exige même le perfectionnement de l'installation provisoire de cette station.

Ici, M. l'Ingénieur en chef du département exprime le désir de faire une observation; il déclare que la gare actuelle d'Orléans ne peut pas, par les dispositions de ses quais et de ses voies, et la presque coïncidence de l'arrivée des trains omnibus avec celle des trains express, recevoir ces derniers (les trains express), et qu'il comprend dès lors les autorisations et les avertissemens de l'administration supérieure pour la station des Aubrais; mais il se demande si les idées du Gouvernement eussent été les mêmes dans le cas où l'organisation de l'embarcadère d'Orléans eut permis l'entrée de tous les trains, sans perte sensible de temps.

M. l'Ingénieur de la Compagnie répond que le but de la gare des Aubrais est complexe, ainsi qu'il a eu déjà l'honneur de le dire; que s'il ne s'agissait que de l'amélioration de la station d'Orléans pour les voyageurs , il croit qu'il serait en effet facile d'y arriver en multipliant à droite et à gauche, mais à droite surtout, des voies d'évitement et des quais d'arrivée et de départ ; mais qu'il serait toujours impossible, vu le manque d'espace en profondeur, d'y garer les trains de marchandises , de bestiaux et de wagons vides.

M. l'Ingénieur de la Compagnie explique ici le mécanisme du service du matériel roulant ; il déclare que le trafic étant beaucoup plus important dans le sens des extrémités vers Paris que de Paris vers les extrémités, il en résulte la nécessité d'avoir continuellement à renvoyer des wagons vides d'Ivry vers les lieux d'expédition.

Ce sont ces trains de véhicules inoccupés qu'il s'agirait de centraliser à Fleury au lieu de les amener dans la gare d'Orléans qu'ils encombrent sans utilité. Ce mouvement du matériel est un service d'une importance capitale dans l'exploitation des chemins de fer, car l'emploi plus ou moins rationnel des voitures produit des résultats bien différens, et, à cet égard, M. l'Ingénieur se félicite de pouvoir rendre à la Compagnie qu'il représente la justice qui lui est due, en disant que tandis que chacun de ses wagons fait en moyenne, par année, 23 à 24,000 kilomètres, ceux des autres Compagnies n'en parcourent que 15 à 16,000 seulement. La gare des Aubrais qui deviendrait un grand dépôt de matériel où l'on pourrait puiser, selon les besoins, rendrait donc d'incontestables services à la Compagnie et ne causerait pas de préjudice à la Ville d'Orléans. J'en dirai autant , ajoute M. l'Ingénieur, des trains de bestiaux qui transitent actuellement par la station d'Orléans. Ces trains , subordonnés aux marchés de Poissy et de Sceaux, n'ont lieu que deux fois la semaine , ils ne se complètent jamais à Orléans et n'y occasionnent aucune dépense. Ces convois sont même si importans, que souvent 15 à 1,800 bœufs sont dirigés dans une seule nuit sur Paris. La Compagnie qui a reconnu les inconvéniens et les dangers de les garer sur les voies d'Orléans, demande à les arrêter aux Aubrais pour remanier les trains et visiter le matériel souvent avarié par les animaux. Quel tort causerait donc cette mesure à la Ville?

Quant au transport des marchandises, voici quelles sont les intentions de la Compagnie : la gare d'Orléans conserverait le transit des convois chargés pour diverses destinations, mais on désirerait, par exemple, que les trains emmenant directement le poids utile d'une locomotive pour Tours, Nantes, Poitiers, Bordeaux, Châteauroux ou Moulins, et réciproquement, pussent passer par les courbes nord des Aubrais, sans séjourner à Orléans, où ils n'ont que faire. Ce service constitue l'exception ; il se compose des convois dits supplémentaires et n'entre qu'accidentellement dans l'agencement normal de l'exploitation. Ces trains enfin sont actuellement dans la proportion de 2 à 7 avec les trains spéciaux et ordinaires.

Un membre fait observer que ces trains de matériel vide, de bestiaux et de marchandises allant directement, sans rupture de charge, à leur destination, devraient pouvoir passer déjà par les courbes des Aubrais, sans nécessiter l'établissement projeté, puisqu'aucune nécessité de service ne paraît les obliger à séjourner soit à Orléans, soit aux Aubrais.

M. l'Ingénieur de la Compagnie répond qu'il faut absolument que ces convois s'arrêtent à Orléans ou dans les environs pour inspecter le matériel, graisser les essieux, changer les machines, renouveler les approvisionnemens et réunir d'ailleurs les wagons vides ou de bestiaux qui viennent des chemins de Bordeaux et du Centre pour Paris. Il ajoute que ces temps d'arrêt dans des courbes présentent de grands dangers.

Un membre objecte qu'on peut augmenter le nombre des surveillans sur ces points défectueux et utiliser le télégraphe électrique. M. l'Ingénieur réplique que l'emploi des agens est onéreux. Il déclare ensuite qu'en fait de service, et de service de chemin de fer surtout, il faut une exactitude constante et incontestée. Or, la télégraphie électrique, dans l'état actuel de la science, n'offre pas encore ce caractère, puisque souvent, sans cause connue, la communication est entravée.

M. l'Ingénieur croit donc que ce serait une erreur, et une erreur souvent fatale, de subordonner absolument la marche des trains au télégraphe. Cet instrument, en effet, dont l'emploi, dans beaucoup de cas, offre plus d'inconvéniens que d'avantages, peut être un auxiliaire, mais il ne saurait constituer encore un agent unique de transmission d'avis et une garantie suffisante de sécurité.

Toutes ces considérations ont décidé la Compagnie à fonder aux Aubrais une gare de transit, et comme la dépense première qu'elle nécessitera est de 11 à 1,200,000 f., il faut bien qu'on soit persuadé qu'elle est commandée par une impérieuse nécessité.

M. l'Ingénieur assure qu'il n'entre pas dans les intentions de la Compagnie de faire plus aux Aubrais pour les marchandises que pour les voyageurs; elle n'entend créer qu'un établissement de transit pour ne pas encombrer inutilement la gare d'Orléans de masses de transports qui sont destinés par convois entiers à des villes ultérieures. Aussi, ne veut-elle construire ni quais pour recevoir les marchandises, ni halles pour les abriter; en un mot, ce n'est pas *la manutention des colis* qu'elle fera aux Aubrais, mais seulement *le mouvement des wagons*.

M. l'Ingénieur termine son exposition en résumant les demandes de la Compagnie. Elles consisteraient à recevoir dans la gare de transit des Aubrais : 1° les trains

express ; 2° les wagons vides ; 3° les trains de bestiaux ,
4° les trains composés en entier de marchandises destinées
à une seule destination au-delà d'Orléans.

M. l'Ingénieur déclare être porteur du plan de la gare
d'Orléans, demandé à la Compagnie par M. le Ministre
des Travaux publics pour la Commission d'enquête sans
aucun doute ; sur la réponse affirmative de M. le Président , M. l'Ingénieur fait le dépôt de ce plan sur le
bureau.

M. le Président lui en donne acte, et en fait immédiatement la remise à M. l'Ingénieur en chef du département.

M. l'Ingénieur en chef du département voudrait savoir
comment l'exploitation de la gare des Aubrais procurera,
dans la marche des trains, l'économie de vingt minutes,
annoncée dans la note explicative jointe aux plans de la
station projetée. M. l'Ingénieur de la Compagnie répond
que ce résultat sera atteint par l'abréviation du parcours et
par la suppression du temps passé dans la gare d'Orléans.

M. l'Ingénieur en chef du département s'efforce de
prouver au contraire, à l'aide du tableau de la marche
des trains express qui s'arrêtent actuellement aux Aubrais,
que cette économie est nulle, et que la nécessité de prendre les voyageurs d'Orléans et leurs bagages continuera
d'occasionner des retards inévitables. M. l'Ingénieur en
chef du département donne à cet égard des explications
étendues sur l'organisation du service actuel du chemin
d'Orléans. M. l'Ingénieur de la Compagnie répond n'être
pas en mesure, quant à présent, de contredire les assertions de M. l'Ingénieur en chef, et qu'il serait facile de
comparer la vitesse des trains qui stationnent aux Aubrais avec celle des trains qui viennent jusqu'à Orléans.

M. l'Ingénieur en chef du département réplique que
c'est justement après s'être livré à ce travail qu'il a été
amené à faire son observation.

Un membre dit que, puisque de l'aveu même de M. l'Ingénieur en chef de la Compagnie, on pourrait disposer la gare d'Orléans pour l'exploitation facile du service des voyageurs, on devrait avoir également les moyens de la rendre accessible aux trains de bestiaux, de marchandises et de véhicules vides. M. l'Ingénieur en chef de la Compagnie répond qu'il y a là une impossibilité matérielle, attendu que la longueur des voies depuis la bifurcation sud jusqu'au boulevart d'Orléans est insuffisante pour le garage de ces trains composés souvent de cinquante ou soixante wagons ; il ajoute que d'ailleurs les gares à rebroussement sont toutes très-défectueuses ; qu'elles sont, pour ainsi dire, l'enfance de l'art ; qu'on n'en construit plus, et que Tours en offrira certainement le dernier modèle.

Un membre demande si les gares à rebroussement sont définitivement condamnées, et si, par exemple, celle de Tours doit être abandonnée ? — M. l'Ingénieur en chef de la Compagnie ne conserve pas un doute à cet égard, surtout pour celle de Tours qui se trouve être dans des conditions plus mauvaises que celle d'Orléans, puisque les courbes de raccordement s'épanouissent toutes dans le même sens au lieu de former l'éventail comme à Orléans.

D'ailleurs, poursuit M. l'Ingénier en chef de la Compagnie, la bifurcation des Aubrais a été construite par l'État pour qu'on s'en serve probablement, et la Compagnie ne fait pas autre chose que d'en réclamer le libre usage.

Un membre répond que si les courbes des Aubrais ont été construites par l'État, les courbes d'Orléans sont aussi son ouvrage ; que cette double voie a été faite en prévision sans doute d'encombremens ou d'accidens à la station d'Orléans, et que la pensée du Gouvernement était si peu de priver la Ville des avantages attachés aux têtes de lignes que les gares des chemins de fer de Bordeaux et du Centre devaient être édifiées, aux frais du trésor public dans Orléans même, où des emplacemens étaient déjà désignés et achetés en partie. L'accord fait entre les Compagnies pour l'usage commun de la gare d'Orléans et leur fusion ont fait renoncer à ces projets, alors surtout que le Gouvernement est exonéré de l'obligation de construire les stations des Chemins de fer de Bordeaux et du Centre.

Un membre demande s'il est exact que la Compagnie veuille aux Aubrais une halle double en étendue de celle d'Orléans ; M. l'Ingénieur répond que c'est une erreur ; car on ne veut y abriter qu'un convoi, et 100 mètres de couverture seront suffisans pour cela.

Alors pourquoi solliciter l'expropriation de terrain sur un espace de 1,500 mètres environ en longueur, et de 90 à 220 mètres en largeur ? objecte-t-on encore. Pour répondre aux nécessités du garage des trains de bestiaux, de marchandises et de wagons vides, qui, d'après M. l'Ingénieur en chef de la Compagnie, exigent une longueur de 400 à 450 mètres et une étendue égale pour aiguiller sur la ligne principale les convois placés sur la plus reculée des voies d'évitement. Mais cela forme un total de 900 à 1,000 mètres au plus, observe-t-on, et la différence est grande avec les 1,500 mètres que veut exproprier la Compagnie.

M. l'Ingénieur réplique qu'il faut bien avoir une certaine latitude pour faire face aux exigences d'un trafic qui s'accroît chaque jour et dont il est impossible d'apprécier l'importance future.

Un membre demande si la Compagnie n'aurait pas l'intention de transporter aux Aubrais ou à Orléans les ateliers d'Ivry. M. l'Ingénieur dit que le déplacement des ateliers de Paris, quelque désirable qu'il soit, entraînerait dans de telles dépenses qu'il n'en peut être question de longtemps. Quant au développement que peuvent prendre les ateliers actuels d'Orléans, il est difficile de rien préjuger à cet égard. En effet, c'est la position des villes sur le réseau des voies de fer qui détermine l'utilité des dépôts de matériel et des chantiers de construction et de réparation. Tel point insignifiant au début peut devenir sous ce rapport très-considérable. Orléans est bien près de Paris pour espérer un grand accroissement de ses établissemens actuels ; Vierzon, point de bifurcation des lignes de Limoges et de Clermont, Tours où convergeront quatre chemins, Poitiers qui en aura deux, sont au contraire probablement destinés à avoir d'importans ateliers. Du reste ceci est mon opinion personnelle, ajoute M. l'Ingénieur, car la Compagnie n'a pas encore pris de détermination à cet égard ; elle attend pour se prononcer l'avis de son entrepreneur général de la traction.

Un membre désire savoir si l'on peut compter d'une manière positive que tous les trains express desserviront Orléans. M. l'Ingénieur le croit dans l'état actuel des choses, mais il ne voudrait pas cependant en prendre l'engagement ; car, ajoute-t-il, la Compagnie d'Orléans a près d'un siècle d'existence et nul ne saurait prévoir les modifications que pourra subir son service dans ce laps de temps. Même on peut dire, continue M. l'Ingénieur, que si, par exemple, l'accroissement de la circulation faisait bientôt doubler le nombre des trains express, de manière à ce que leur passage aux Aubrais fût rapproché, il est certain qu'un seul de ces trains prendrait les voyageurs d'Orléans. L'essentiel pour la Ville est d'être bien desservie, et c'est l'intention de la Compagnie, parce que c'est son intérêt.

Enfin un membre pose cette question : l'exploitation de la gare de transit des Aubrais, raccourcissant le trajet pour les villes en-delà d'Orléans de 1,500 mètres, le prix de transport des voyageurs et des marchandises éprouvera-t-il une réduction proportionnelle, ou bien continuera-t-il à être le même , que les convois s'arrêtent aux Aubrais ou entrent dans Orléans ?

M. l'Ingénieur répond que l'état de choses actuel ne sera pas changé ; que les tarifs ne tiendront pas compte de cette légère différence de parcours, par cette raison d'abord que l'établissement des Aubrais est le prolongement de la gare d'Orléans, et que d'ailleurs les taxes des chemins de fer ne sont pas toujours rigoureusement basées sur le nombre de kilomètres parcourus.

Personne ne demandant plus la parole, la question est déclarée épuisée. M. le Président remercie M. l'Ingénieur en chef de la Compagnie de l'obligeance et de la netteté avec lesquelles il a fourni à la Commission d'enquête les explications qui lui ont été demandées.

M. l'Ingénieur délégué de la Compagnie du chemin d'Orléans quitte la salle.

La Commission s'ajourne à jeudi prochain.

M. le Président lève la séance à trois heures et demie.

Ont signé : MM. Lacave, *Président* ; A. de Morogues, Lesourd, Ernest d'Illiers, et Vignat, *Secrétaire*.

Séance du 13 avril.

L'an mil huit cent cinquante-quatre , le jeudi treize avril , heure de midi, la Commission d'enquête de la gare des Aubrais s'est réunie en l'hôtel de la Préfecture d'Orléans.

Etaient présens MM. Lacave, *Président* ; de Morogues , Lesourd, Ernest d'Illiers, Varnier-Roger , Germon-Douville, et Vignat, *Secrétaire*.

M. Olivier, ingénieur en chef du département du Loiret , représente l'administration dans la réunion.

M. le Président invite le Secrétaire à donner lecture du procès-verbal de la dernière séance. Cette lecture ayant été entendue , la commission approuve la rédaction du procès-verbal et décide qu'une ampliation en sera immédiatement adressée à M. Herman, délégué de la Compagnie du Chemin de fer , afin qu'il puisse consigner ses observations, s'il avait à en faire.

La Commission s'ajourne au 24 du courant.

La séance est levée à 2 heures.

Ont signé : MM. L. Lacave , de Morogues , Lesourd , Ernest d'Illiers , Varnier-Roger , Germon-Douville , et Vignat, *Secrétaire*.

Séance du 24 avril.

L'an mil huit cent cinquante-quatre, le vingt-quatre avril, heure de midi, la Commission d'enquête de la gare des Aubrais s'est réunie en l'hôtel de la Préfecture d'Orléans.

Etaient présens MM. Lacave, *Président* ; de Morogues, Lesourd, d'Illiers, Varnier-Roger, Germon-Douville, et Vignat, *Secrétaire*.

M. Olivier, Ingénieur en chef du département du Loiret, assiste à la réunion comme représentant l'administration.

Le procès-verbal de la précédente séance est lu et adopté.

M. le Président donne lecture d'une lettre de M. Herman, Ingénieur en chef de la Compagnie du Chemin de fer, qui déclare le procès-verbal de la séance du jeudi 13 avril parfaitement exact dans son ensemble, et y donne son entière adhésion.

Mais comme M. l'Ingénieur en chef demande deux rectifications, sur la proposition de M. le Président, et quelque peu importantes que paraissent ces rectifications à la Commission, elle décide que la lettre de M. Herman sera insérée au procès-verbal de la présente séance.

« Paris, le 19 avril 1854.

« Monsieur le Président,

« Un voyage de service que j'ai fait à Nantes m'a mis

« dans l'impossibilité de vous retourner, aussitôt que je
« l'aurais désiré, le procès-verbal de la séance du 10 de
« ce mois, que vous m'avez fait l'honneur de me com-
« muniquer.

« J'ai trouvé ce document parfaitement exact dans son
« ensemble, et reproduisant avec une lucidité remar-
« quable la discussion qui a eu lieu. Je vous demanderai
« cependant la permission de faire deux observations.

« 1° Le procès-verbal ne fait aucune mention d'une opi-
« nion que j'ai exprimée au moins à deux reprises diffé-
« rentes, c'est que, selon moi, l'organisation des trains de
« voyageurs est en dehors de l'enquête ouverte en ce mo-
« ment à Orléans. Pourquoi y a-t-il enquête? Parce que
« la Compagnie demande à acquérir des terrains. Pour-
« quoi la Compagnie a-t-elle besoin de terrains ? Pour
« poser les voies de garage nécessaires au passage des
« trains de matériel vide de bestiaux et de marchandises
« en direction des au-delà d'Orléans. — Quant au service
« des voyageurs, la Compagnie a tout le terrain néces-
« saire puisque, *en fait*, ce service est organisé depuis
« près de deux ans d'une manière que la Compagnie ne
« propose pas de changer. Ainsi s'il s'agissait du service
« des voyageurs, l'enquête serait sans objet et n'aurait pas
« eu lieu, puisqu'il n'y a pas de terrains à acquérir. Donc
« le but exclusif de l'enquête est de rechercher s'il y a uti-
« lité publique à acquérir du terrain pour le service :
« 1° des trains de matériel vide ; 2° des trains de bestiaux;
« 3° des trains de marchandises directs ;

« 2° Je trouve que pour ces trains de marchandises di-
« rects, le procès-verbal me fait parler d'une manière trop
« absolue, *en disant qu'ils n'entrent qu'accidentellement*
« *dans l'agencement normal de l'exploitation*, et en les
« *qualifiant de trains supplémentaires*. Des trains *régu-*
« *liers* sont dès maintenant composés autant que possible

« en wagons ayant une même destination ; on ne réussit
« maintenant à atteindre ce résultat que pour deux trains
« par jour environ, sur 7 ; mais plus on pourra multiplier
« ces trains d'une composition identique , plus on intro-
« duira de régularité et de rapidité dans le service des
« marchandises , plus on évitera les erreurs et les fausses
« directions. Le public a donc ici le même intérêt que la
« Compagnie.

« Telles sont les deux seules observations importantes
« qu'il me paraisse utile de faire sur le procès-verbal. La
« seconde ne porte que sur une nuance de rédaction. Mais
« la première ayant pour but de réparer une omission, je
« vous serai très-reconnaissant de vouloir bien y avoir
« égard.

« Il me paraît superflu de discuter deux ou trois mots
« et deux ou trois chiffres qui ne me paraissent pas rendre
« exactement ma pensée. Ce sont là des détails assez in-
« différens dans la question, et sous le bénéfice des deux
« observations qui précèdent, je donne mon entière
« adhésion au langage que me prête le procès-verbal.

« Veuillez agréer , **M.** le Président, l'assurance de ma
« haute considération.

« *L'Ingénieur en chef de la Compagnie,*

« *Signé* L. Herman. »

Un membre annonce ensuite qu'une brochure sans nom
d'auteur, mais qui traite, au point de vue des intérêts de
la Compagnie du Chemin de fer, la question de la gare
des Aubrais, lui est parvenue, et il demande à en donner
lecture.

Après quelques explications, la Commission décide
qu'elle entendra la lecture de la brochure, et M. le Prési-

dent invite le Secrétaire à la donner, ce qui a lieu immédiatement.

Cette lecture achevée, M. le Président dit qu'il croit être l'interprète de la pensée de la Commission en exprimant le regret que l'on n'ait pas cru devoir adresser un exemplaire de ce travail à la Commission dont il est question dans plusieurs endroits, et alors surtout qu'il paraît être destiné à être répandu dans les villes desservies par le Chemin de fer d'Orléans.

La Commission s'associe, à l'unanimité, aux sentimens de son Président.

Un membre demande à répondre aux observations de M. Herman, délégué de la Compagnie, et à celles de l'auteur anonyme de la brochure.

La parole lui ayant été accordée, il s'exprime ainsi :

« MESSIEURS,

« Les explications que M. Herman, délégué de la Compagnie du Chemin de fer d'Orléans, sur le projet d'établissement d'une gare aux Aubrais, n'ont pas atteint, au moins en ce qui me concerne, le but que leur auteur semblait en attendre. Mes inquiétudes ne se sont pas dissipées devant ses promesses, car si son langage a été très-bienveillant dans la forme, il a été assez net au fond pour me faire persister à croire que la prospérité de la Ville d'Orléans serait gravement compromise par l'exécution des plans qui vous sont présentés. De plus, une brochure, sans signature il est vrai, mais dont le caractère semi-officiel ne saurait être contesté, puisqu'elle sort des presses de l'Imprimerie centrale des Chemins de fer, et qu'elle reproduit les argumens développés dans cette enceinte par la Compagnie, a encore contribué à augmenter mes craintes. Ne croyant donc pas devoir me reposer dans une fausse sécurité, je viens combattre les raisons de la partie adverse, relever ses erreurs, et prendre acte de ses aveux.

« Je puis réduire à deux points principaux toutes les propositions soutenues par M. l'Ingénieur en chef de la Compagnie et par l'auteur anonyme : l'un consiste à prouver que la gare des Aubrais ne peut nuire à la Ville d'Orléans, l'autre traite de l'intérêt qu'auraient les autres villes du réseau à l'exploitation de cet établissement. Je les examinerai séparément.

« Comment! quand notre gare, si active aujourd'hui, sera sans mouvement et sans vie; quand le nombreux personnel qu'elle occupe aura quitté notre commune ; quand le transit des voyageurs et des marchandises du Centre, de l'Ouest et du Midi de la France nous aura été enlevé ; quand les industries qui s'étaient établies près de notre embarcadère auront été ruinées par l'émigration d'une partie de la population ; quand les constructions qui entourent la station seront sans habitans, et que le nouveau quartier, créé à grands frais par la municipalité, sera abandonné; quand notre Ville, que sa situation géographique et les lois de concession ont fait tête de ligne de trois chemins de fer, aura été reléguée au fond d'un embranchement et tenue en-dehors de la grande voie de circulation qui dessert la moitié de l'Empire ; quand des trains de grande vitesse toucheront la bifurcation sans desservir même indirectement Orléans ; quand nos négocians s'établiront près de la gare des Aubrais, qui, dans un temps rapproché, deviendra forcément la succursale de celle de Paris, et, par conséquent, un vaste entrepôt commercial; quand ces tristes prévisions se seront réalisées, dira-t-on que notre Ville n'a éprouvé aucun préjudice, et sera-t-il temps alors d'y porter remède ? Plus la station des Aubrais sera commode, plus son exploitation présentera d'avantages à la Compagnie, et plus tôt le mouvement y sera centralisé. Or, les gares d'Orléans et des Aubrais seront trop rapprochées pour co-exister ; les deux personnels qu'elles exigeraient, les fausses manœuvres dont elles seraient l'occasion, l'inutilité, en un mot, d'un double travail pour un même service, feront abandonner l'une ou l'autre, et, quoi qu'on dise, celle d'Orléans est d'avance condamnée.

« Croira-t-on que la nouvelle situation qui sera faite à notre Ville sera sans influence sur sa prospérité ? Ne sait-on pas, au contraire, que les grands centres de population, et de population commerciale surtout, ne sauraient vivre dans l'isolement ? On sent mieux qu'on exprime les avantages d'une cité placée au centre d'un réseau qui rayonne dans toutes les directions, et le préjudice qu'elle éprouverait à en être éloignée tout-à-coup. C'est le triste sort réservé à Orléans. M. l'Ingénieur en chef de la Compagnie n'a pas même voulu prendre d'engagement relativement à l'obligation de desservir notre Ville par tous les trains, comme elle l'est aujourd'hui ; il a même déclaré que si on augmentait le nombre des convois express, une partie de ces derniers ne prendrait pas les voyageurs d'Orléans ; il a dit, de plus, que la Compagnie ayant un siècle d'existence, il était impossible de savoir si les promesses faites aujourd'hui ne mettraient pas d'obstacles aux exigences du service futur. Aucune stipulation n'a donc pu être obtenue en faveur de la Ville, et il faut s'attendre à ce qu'on ne lui laissera que ce qu'on n'aura pas intérêt à lui ôter. L'apologiste anonyme de la station des Aubrais tient à peu près le même langage. Après avoir annoncé que cet établissement sera constitué de manière à conserver les avantages actuels dont jouit notre Ville, il se hâte d'ajouter cependant « qu'il faudrait un concours de cir-
« constances qui n'est pas à prévoir, et des réclamations

« appuyées de motifs très-sérieux pour que les disposi-
« tions de la Compagnie, à cet égard, fussent modifiées; »
il pressent donc un état de choses qui peut amener un
semblable résultat, et, comme fiche de consolation, il
veut bien nous promettre que *la gare d'Orléans desservira
uniquement le mouvement local* (textuel).

« Tel est le sort contre lequel 12,500 de nos concitoyens
ont, avec raison, énergiquement protesté.

« L'importance de la gare des Aubrais résulte de l'immense étendue de terrain que la Compagnie lui destine et
la dépense de 11 à 1,200,000 fr. qu'elle y sacrifie doit
faire croire qu'elle l'utilisera le plus possible. D'ailleurs,
tous les services qui seront faits à Fleury, où rien n'existe,
seront enlevés à Orléans, où tout jusqu'ici a été centralisé.
Ce déplacement se fera par gradation, je le veux bien ;
mais il aura inévitablement lieu, et la Compagnie continuera avec nous le système trompeur de temporisations
qu'elle a suivi depuis le commencement de cette affaire.
Rappelez-vous en effet la lettre de M. Didion du 6 juillet
dernier à M. le Maire d'Orléans, qui s'était fait l'interprète
des inquiétudes de nos concitoyens relativement au projet
d'une gare aux Aubrais. On voulut endormir la vigilance
et le zèle de notre honorable administrateur et on lui
écrivit « que les préoccupations de la ville d'Orléans
« n'étaient nullement justifiées ; qu'il n'avait jamais été
« question d'avoir une gare à la bifurcation des Aubrais. »

« Cette assurance si formelle et partant de si haut a-t-elle
empêché la Compagnie de poursuivre l'exécution de ces
plans ? pas le moins du monde. Quelques mois après, une
gare couvrant 23 hectares était demandée au gouvernement par le même directeur qui avait signé la lettre qui
précède. Ne nous illusionnons donc pas, quand même la
Compagnie nous ferait des promesses, et elle a la sincérité
de n'en pas faire, elle ne les tiendrait qu'autant que son

intérêt propre l'engagerait à n'y pas manquer. Or je démontrerai que cet intérêt l'amènera toujours, par plus d'un motif très-sérieux, à annihiler de plus en plus la station d'Orléans.

« Le tort causé à notre Ville par l'établissement des Aubrais sera donc immense, irréparable ; voyons quels avantages en retirerait le pays.

« Il est manifeste que la nouvelle station située à 1,500 mètres moins loin que celle d'Orléans, ne pourrait offrir avec des conditions meilleures de sécurité que deux sources de profits au public : l'abréviation de la durée des voyages, l'économie dans les frais de transport.

« Ces trois points ont été déjà élucidés dans la précédente séance.

« M. l'Ingénieur en chef du département a, en effet, clairement démontré que le raccourci de 1,500 mètres ne pourrait, dans les circonstances les plus favorables, et toutes choses égales d'ailleurs, abréger le temps du trajet que de une minute et demie au plus, et que la nécessité de faire concorder les arrivées de certains trains avec les départs de certains autres, de placer souvent des voitures supplémentaires pour le service des voyageurs d'Orléans continuerait d'occasionner des pertes de temps. Il appuyait ses assertions de preuves tirées de l'exploitation même de la Compagnie, et son contradicteur, M. Herman, n'a pu lui répliquer. Il est donc resté acquis à la discussion que le public perdrait plutôt qu'il ne gagnerait, sous le rapport de la célérité, à l'exploitation de la gare des Aubrais.

« M. l'Ingénieur en chef du département ne manquera pas d'ailleurs, dans le rapport qu'il fera à l'Administration supérieure, de reproduire les raisons si péremptoires qu'il a fait valoir et que je me garderai bien d'analyser, dans la crainte de les affaiblir. Je ne vous entretiendrai pas davantage, et par le même motif, des modifications qu'il serait facile de faire subir à la gare d'Orléans pour y avoir des voies de garage de longueur suffisante et en nombre égal à celui que M. l'Ingénieur en chef de la Compagnie voulait établir aux Aubrais. Toutes les questions d'art et de service seront traitées par M. l'Ingénieur en chef du département avec un talent et une autorité incontestables. Ce que je suis heureux de répéter ici, c'est qu'il est possible de concilier les intérêts généraux avec ceux de notre Ville, et que, dans tous les cas, l'établissement des Aubrais n'augmenterait jamais d'une manière sensible la célérité de la marche et n'assurerait pas une plus grande sécurité aux voyageurs.

« Reste donc l'économie dans les frais de transports. Il est très-clair qu'une abréviation de 1,500 mètres de parcours doit avoir une influence sur le prix de revient de la locomotion. Mais cette influence est infime, les prix au *maximum* étant d'environ 10 centimes par voyageur et par kilomètre, de 40 centimes par kilomètre et par 1,000 kilogrammes de marchandises, de 6 centimes par kilomètre et par bœuf, de 2 centimes par kilomètre et par porc ou veau, et enfin d'un demi-centime par kilomètre et par mouton. Telles seraient les faibles sommes dont bénéficieraient les voyageurs ou expédieurs, car tout kilomètre entamé est acquis aux compagnies concessionnaires. Les prix des transports ne sauraient donc être sensiblement diminués par la réduction proportionnelle qu'on devrait obtenir; mais, cette réduction, la Compagnie ne la concède même pas. En effet, son délégué, d'accord avec ce qui se pratique depuis dix-huit mois, a positivement déclaré devant vous, Messieurs, que la gare de Fleury étant le prolongement de la station d'Orléans, les taxes continueraient à être perçues au même taux, que les trains s'arrêtent aux Aubrais ou parviennent jusqu'à Orléans.

« Cette déclaration officielle, si formellement exprimée, lève tous les doutes, — le public ne profitera pas plus d'une économie dans les prix de transport qu'il ne jouira d'une marche plus rapide et d'une plus grande sécurité.

« Mais alors, dira-t-on, puisque cette gare ne procure aucun avantage au public, qu'elle n'est par conséquent commandée par aucune nécessité d'intérêt général, qu'elle cause à la Ville d'Orléans de très-vives inquiétudes trop bien justifiées, qu'elle occasionnera une dépense première de 11 à 1,200,000 fr., tandis que le perfectionnement de celle d'Orléans ne coûterait pas le cinquième de cette somme, comment la Compagnie, qui sait si bien apprécier les besoins de son exploitation, et qui gère parfaitement ses finances, peut-elle désirer la création d'un établissement si coûteux pour elle, si inutile au public et si impopulaire à Orléans ?

« C'est que la Compagnie défend son projet, par cette raison qu'il est son œuvre, ensuite parce que son exécution lui procurerait sans doute certaines commodités particulières que la gare d'Orléans n'offre pas, et surtout parce que l'établissement des Aubrais, exploité dans les conditions qu'on annonce, lui permettrait de réaliser des bénéfices notables.

« En effet, il est certain que les 23 hectares dont le chemin de fer demande l'expropriation ne seront pas à beaucoup près utilisés pour la gare de transit ; M. l'Ingénieur en chef de la Compagnie en a fait l'aveu ; mais il ne nous a pas dit ce que deviendrait le surplus ; or l'usage habituel des Compagnies est de demander plus d'espace qu'il ne leur en faut, puis de revendre avec d'énormes bénéfices ce qui leur est inutile, quand l'agglomération de la population, qui se produit toujours près des sta-tions, a fait renchérir les terrains. C'est ainsi que la plupart des Compagnies ont réussi à obtenir des bonis, qui ont compensé leurs frais d'acquisition d'emplacement.

« Le fait seul de vouloir plus d'espace que la gare des Aubrais, conçue dans les plus vastes proportions, ne le comporte, prouve trop clairement que la Compagnie s'attend à voir se former près d'elle un centre de population, et cette prévision était dernièrement traduite par un employé supérieur du Chemin d'Orléans qui disait : « Dans dix ans il y aura 10,000 âmes à Fleury. » Mais c'est là le point de vue le moins fructueux de l'opération de l'établissement de transit. En effet, le stationnement des principaux trains à la bifurcation supprime le parcours des Aubrais à Orléans. Cette suppression, déjà exprimée en chiffres, produit une économie dont nous avons démontré l'inanité pour chacun des expéditeurs ou des voyageurs pris isolément, mais qui, multipliée par les masses transportées et concentrée dans les caisses de la Compagnie, présente un bénéfice qui rend la spéculation fort avantageuse.

« En effet, les quatre trains express transportent en moyenne trois cent cinquante voyageurs par jour, à 10 c. par place et par kilomètre, pour 1,500 mètres produisent 52 fr. 50 c. par jour, et par an.......... 19,162 fr.

« Bagages, colis à grande vitesse....... Mémoire.

« Circulation du matériel vide........ Mémoire.

« Les trains de marchandises, qui pourront ne plus entrer à Orléans, se composeront d'au moins quinze cents tonnes par jour, par an, cinq cent quarante-huit mille tonnes à 10 cent. par tonne et par kilomètre sur 1,500 mètres...................... 81,125

A reporter.... 100,287

Report..... 100,287

« Cent mille bœufs (chiffre accusé par la
Compagnie) à 6 cent. par bœuf et par kilo-
mètre   9,000

« Cent soixante-dix mille porcs ou veaux
(chiffre accusé par la Compagnie) à 20 c.
par tête et par kilomètre.   5,100

« Quatre cent mille moutons (chiffre accusé par la Compagnie) à 1/2 centime par
tête et par kilomètre.   3,000

Total. . . . . 117,387 f. (*)

« Je me suis efforcé, dans ces calculs, d'éviter toute exagé-
ration, je n'ai tenu compte que du trafic actuel sans vouloir apprécier l'accroissement prodigieux que la circulation
éprouve sur le vaste réseau de la Compagnie d'Orléans,
dont plusieurs lignes importantes ne sont pas achevées.

« Ce résultat, accru de la plus-value des terrains inoccupés
et de l'affranchissement des droits d'octroi, représente un
assez bon revenu de 11 ou 1,200,000 fr., destinés à la gare
de transit, et fait apparaître à tous les yeux l'immense intérêt qu'a la Compagnie du Chemin de fer à créer l'établissement des Aubrais et à y centraliser tout le mouvement
qu'elle pourra enlever à la station d'Orléans Le produit
étant toujours le but auquel doit tendre une entreprise

(*) Si on objectait que cette somme ne peut être calculée de cette manière, puisque le bénéfice de l'exploitation est toujours acquis au
Chemin de fer, que le parcours des Aubrais à Orléans ait eu lieu ou
non, et qu'il convient dès lors de ne mettre en ligne de compte que les
frais économisés, c'est-à-dire ceux de traction et de gestion, soit
66 p. 0/0 de la recette brute environ à cause des conditions spéciales
dans lesquelles se trouve placée la gare d'Orléans, le résultat minimum serait encore de près de 80,000 fr. par an.

industrielle qui, comme un Chemin de fer, n'a qu'une durée limitée, il est manifeste que les avantages d'économie
que présentera toujours la gare des Aubrais lui fera accorder par la Compagnie une préférence marquée sur celle
d'Orléans et privera cette dernière des chances d'utilisa-
tion.

« C'est donc par un pressentiment vrai du sort réservé à
notre embarcadère que la généralité de nos concitoyens a
protesté contre la création projetée à Fleury.

« Elle ne se faisait pas une idée moins juste des effets de
la nouvelle exploitation, quand elle prédisait que la Compagnie tout au plus en retirerait des avantages ; mais que
le public n'y trouverait ni économie de temps ni économie
d'argent. Les explications du délégué de la Compagnie et
de M. l'Ingénieur en chef du département ne lui ont donné
que trop raison, et la bonté de la cause de notre Ville explique et justifie nos efforts.

« Après avoir combattu l'argumentation de M. Herman,
en faveur de la gare des Aubrais et tiré les conséquences
des doctrines qu'il a émises à cette occasion, dois-je réfu-
ter les erreurs dans lesquelles est tombé volontairement
l'auteur anonyme de la brochure déjà citée ? Je le ferai en
peu de mots, parce que les vérités qu'il conteste sans jus-
tesse ou qu'il travestit à dessein sortiront entières du rapport de M. l'Ingénieur en chef du département :

« 1° Il n'est pas exact de dire que la gare d'Orléans soit à
2,000 mètres de la bifurcation; elle n'en est séparée que par
1,500 mètres au plus. Il ne l'est pas davantage de prétendre
que le remaniement des trains dans notre station occasionne
un retard de 30 minutes. Ce travail peut se faire et se fait
journellement en 10 à 12 minutes, c'est-à-dire dans l'espace
absolument nécessaire pour le changement de la machine,
le graissage des essieux, l'inspection du matériel et le séjour des voyageurs au buffet et ailleurs. Que l'on remarque

cependant que notre embarcadère n'a reçu aucune des améliorations dont il est susceptible et qu'il manque d'un nombre suffisant d'ouvriers.

« **2°** Quel que soit le développement que prennent les transports et quelque avantageuses que soient les voies d'évitement pour parer aux accidens, l'emplacement de la gare d'Orléans est suffisant pour y construire tout ce qui est projeté aux Aubrais et assurer par conséquent la sécurité qui, jusqu'ici, n'a pas été compromise à Orléans, tandis qu'elle a souffert de cruelles atteintes dans les stations traversées de Poitiers, de Beaugency et d'Etampes.

« 3° Les gares à rebroussement ne sont pas causes de la durée du trajet des trains de marchandises et de bestiaux. On peut y faire et on y fait la manœuvre de ces convois en moins de temps que des convois de voyageurs. Il ne faut donc pas sacrifier une heure pour ce travail, comme le dit faussement l'auteur anonyme, puisque 4 à 5 minutes suffisent presque toujours. Mais la rapidité de cette manutention n'abrége pas le temps des séjours, parce que la Compagnie, faisant voyager les bestiaux et les marchandises à 20 ou 25 kilomètres à l'heure, tandis qu'elle imprime aux convois de voyageurs une vitesse de 40 à 60 kilomètres, il en résulte l'obligation de garer les bestiaux et les marchandises pour laisser passer les trains rapides.

« Telle est la vraie et la seule raison des lenteurs de ces transports, lenteurs qui existeront aux Aubrais comme à Orléans. Qu'on ne dise donc pas que ces convois sont retardés parce que tous les wagons sont retournés un à un sur des plaques ; car cela n'a jamais eu lieu. Les voitures à frein subissent seules cette manutention, les autres changent de voie au moyen des aiguilles, et c'est la locomotive qui exécute cette manœuvre. Nous le répétons, le service n'éprouve aucun retard dans notre gare telle qu'elle est, et il peut être amélioré, si les dispositions de nos voies et de nos quais sont rendues conformes à celles proposées par M. l'Ingénieur en chef du département.

« L'auteur anonyme n'a pas voulu comprendre les motifs qui font protester le commerce orléanais contre l'abus des tarifs différentiels. Personne n'a la pensée de s'élever contre l'abaissement des prix de transport qui tourne toujours au profit des producteurs et des consommateurs, mais ceux qui ont le sentiment du juste se demandent pourquoi telle localité est favorisée par le minimum des taxes, tandis que telle autre est grevée du maximum, pourquoi, par exemple, les vinaigres de Nantes paient 5 centimes par tonne et par kilomètre pour Paris et les produits similaires d'Orléans 10 centimes. Le consommateur profite-t-il de cette étrange anomalie ? Pas le moins du monde : le prix de la marchandise n'en éprouve pas de variation sensible, seulement, ce sont les vinaigriers de Nantes qui envahissent le marché de Paris, au grand préjudice de nos fabricans, et la Compagnie trouve son compte, à un certain point de vue, puisque les produits bretons parcourent 420 kilomètres, tandis que les nôtres n'en franchissent que 120.

« Si les chemins de fer n'étaient pas, en vertu de la loi, des voies de monopole contre lesquelles toute concurrence est généralement impossible, et qui, participant de la puissance de l'État, devraient en avoir l'impartialité, on ne songerait pas à se plaindre, mais l'industrie orléanaise qu'on ruine injustement peut bien au moins invoquer le droit commun et faire entendre ses doléances.

« Voilà à quel point de vue nos commerçans blâment les tarifs différentiels. Ils ne jalousent pas les régions favorisées, mais ils réclament une part proportionnelle à leurs faveurs ; ils ne s'opposent pas à ce que « les produits des « contrées agricoles et industrielles soient amenés à bas

« prix dans les grands centres de consommation, ils ne de-
« mandent pas mieux de voir développer la concurrence
« au profit de tous *sans préjudice pour personne* » (textuel) ; mais ils désirent que leurs propres produits agricoles et industriels ne soient pas frappés de tarifs prohi-
bitifs et qu'il leur soit permis de soutenir cette concurrence que vous appelez, dites-vous, de vos vœux, mais
qu'en fait vous leur rendez impossible par des surtaxes
injustifiables. Ce que je remarque, c'est que les préroga-
tives sont exclusivement accordées à quelques régions
éloignées et, ce qui me scandalise, c'est qu'elles sont toujours subordonnées aux intérêts directs des compagnies.

« Les principes d'exploitation commerciale varient avec
les localités ; ceux qu'on applique à Bordeaux, par
exemple, sont opposés à ceux mis en vigueur dans notre
province et ce qui est une vérité en-delà d'Orléans n'en est
plus une en-deçà.

« Mais que les contrées aujourd'hui privilégiées ne se
bercent pas de l'espoir de jouir toujours des avantages que
la Compagnie leur octroie ; que Bordeaux songe à ce qui
lui arriverait si les lignes d'Espagne et de Cette étaient
livrées et si un arrangement, négocié en ce moment avec
les chemins de fer du Hàvre, de Rouen et de Dunkerque,
entravait l'expédition par mer des vins.

« Que Nantes n'oublie pas que le tronçon de St-Nazaire
achevé, c'est cette bourgade qui obtiendra toutes les préférences et que les îles de Rhé et Oléron, que va desservir
l'embranchement de La Rochelle, récoltent aussi des vins
blancs et fabriquent des vinaigres.

« Que la Sologne soit persuadée que le transport de ses
bois ne valent pas pour la Compagnie ceux des produits
similaires du Berry, de la Marche et du Limousin.

« Que Tours sache que sa gare monumentale est dès

à présent condamnée, et que sa position géographique est aussi menacée que la nôtre.

« Quant aux bassins houillers français, qu'on flatte par des promesses, mais qui ont heureusement des voies navigables à leur disposition, que Montluçon s'attende à être moins favorisé que Brassac, Brassac moins que St-Etienne, et St-Etienne moins que les mines anglaises. Les abaissemens des tarifs dépendront toujours des facilités d'arrivages et surtout du nombre de kilomètres à parcourir. La Compagnie ne se soucie nullement de l'intérêt général dans la répartition de ses détaxes ; mais, par un esprit de lucre facile à comprendre, elle s'efforce constamment de reculer son trafic afin de mieux utiliser ses rails ; elle fait ainsi le vide, elle engendre la misère entre les extrémités de ses lignes. Paris et les frontières, c'est là que seront toujours ses préférences. Quant aux régions médiales, qui forment pourtant la majorité du pays, comme on n'en a pas besoin, elles seront sacrifiées. Quand le réseau de nos voies de fer sera complet, vous verrez les produits étrangers voyager sur nos propres chemins à meilleur marché que les marchandises françaises et venir lutter avec fruit contre elles sur les marchés étrangers. Nous souffrirons donc des inconvéniens du libre échange sans jouir de ses avantages. C'est ainsi que nos Compagnies financières encourageront la production nationale. Elles se féliciteront peut-être d'amener à prix réduits de quoi satisfaire à nos besoins, mais elles ne se vanteront pas de nous avoir mis dans l'impossibilité d'en profiter.

« Elles auront d'abord aidé, par un abaissement temporaire des taxes, les points extrêmes de leurs lignes, puis, le réseau les dépassant, on les ruinera par des tarifs exceptionnels. Chaque ville, chaque contrée, touchée par un chemin de fer, aura de courts momens de prospérité et une longue suite d'années de décadence et de misère.

« Le mal général qui en résultera sera infiniment plus
grand, soyez-en sûrs, que le bien relatif qu'on en peut
espérer. Voilà Messieurs, où nous mènera infailliblement
la violation des principes et l'abus de ces prix différentiels
qui soulèvent déjà tant de plaintes.

« J'admire en vérité les progrès que l'exploitation des
chemins de fer a faits depuis quelques années, et je suis
tenté de prendre en pitié ces candides législateurs qui, de
1840 à 1846, ont eu tant de précautions pour assurer l'égalité dans la perception des taxes.

« L'ordonnance de novembre 1846, qui régit encore les
chemins de fer, est précédée d'un rapport explicatif où je
trouve les énormités qui suivent : « Les Compagnies sont
« le plus souvent les meilleurs juges des besoins du pu-
« blic ; mais quelquefois elles peuvent se tromper dans
« leur appréciation. Une Compagnie, par exemple, peut
« quelquefois chercher dans des vues d'économie à con-
« centrer la circulation. L'égalité dans la perception des
« tarifs est une des principales prescriptions des cahiers
« des charges. Les chemins de fer sont des voies de mo-
« nopole, avec eux toute concurrence est généralement
« impossible, et dès lors l'égalité dans l'application des
« tarifs est la plus indispensable des obligations des Com-
« pagnies. Sans cette égalité, plus de sûreté pour le com-
« merce et pour l'industrie, plus de certitude dans les
« transactions. L'administration publique doit donc veiller
« autant qu'il est en elle à la fidèle observation de la règle
« ci-dessus. »

« M. Billaut, président actuel du corps législatif, disait,
« le 16 décembre 1842 : « Un chemin de fer, qu'il
« soit entre les mains de l'Etat ou d'un concession-
« naire, son délégataire à temps, peu importe. est
« une chose créée pour l'utilité et à l'usage de laquelle
« tous ont un égal droit. Cette maxime de l'égalité de tous

« devant ce qui est fait pour tous, l'Etat qui la pratique
« pour les routes, les canaux, les ports, ne saurait la mé-
« connaître quand il s'agit d'un chemin de fer. Obligatoire
« pour lui, elle l'est incontestablement pour ceux qu'il se
« substitue par voie de concession, car le concédant ne
« saurait avoir moins de droit que le concessionnaire.
« L'homme exerçant pour son compte privé une industrie
« libre peut, à son gré, travailler ou chômer, élever ou
« abaisser ses prix, accorder à l'un une bonification qu'il
« refuserait à l'autre. La concurrence met ordre à cela et
« garantit suffisamment l'intérêt public ; mais quand, par
« la nature des choses et la volonté de la loi, un monopole
« est concédé, quand il l'est dans l'intérêt général et avec
« la destination formelle d'un service commun à tous, cette
« liberté des convenances disparaît et fait place à des obli-
« gations absolues et uniformes envers tous et chacun des
« individus composant le public pour le service duquel le
« monopole a été concédé.
« A ce point de vue, il n'est pas permis à un chemin de
« fer de favoriser les marchandises ou les personnes des
« uns plutôt que celle des autres ; les prix, les conditions
« ne sont pas à son libre arbitre, *minima* pour les uns,
« *maxima* pour les autres, tout est réglé et doit l'être
« uniformément, également pour tous, non par lui, mais
« par la loi, le cahier des charges et les décisions
« administratives. »
« Quoi qu'on dise et quoi qu'on fasse, ces principes resteront vrais, et bien que l'auteur auquel je réponds re-
garde la question des tarifs différentiels comme jugée et
indiscutable, je me permettrai de lui apprendre que M. le
Ministre du Commerce disait dernièrement aux délégués
de notre Chambre de commerce que le Gouvernement,
auquel beaucoup de plaintes parvenaient, attendait une
expérience plus complète pour se prononcer définitive-

ment sur l'établissement régulier des tarifs différentiels. Or la lumière se fait chaque jour et l'expérience condamnera certainement un système qui tend à déplacer la fortune publique et qu'aucun principe de justice ne peut étayer. Je regrette, Messieurs, d'avoir été entraîné si loin par un sujet fort grave sur lequel il reste tant à dire, mais il n'est point étranger aux intérêts que je défends et le projet de la gare des Aubrais en est la conséquence.

« Résumant toute cette longue discussion, je soutiens que M. l'Ingénieur en chef de la Compagnie pas plus que l'auteur de la brochure n'ont établi :

« 1° Que le public soit sérieusement intéressé à l'établissement d'une gare aux Aubrais ;

« 2° Que la ville d'Orléans n'ait rien à perdre à une semblable création. Je crois avoir démontré le contraire, et surtout que le mobile de la Compagnie, dans cette circonstance, était tout simplement une idée de fiscalité. M. l'Ingénieur en chef du département complétera ces propositions et suppléera à mon insuffisance. »

La Commission, adoptant l'ensemble de ces observations, décide qu'elles seront insérées en entier dans le procès-verbal, et que l'exemplaire de la brochure déposé sur le bureau sera annexé au procès-verbal de l'enquête.

Invité par le Président à résumer son avis sur la question, M. l'Ingénieur en chef du département du Loiret persiste à croire que l'établissement d'une gare aux Aubrais n'est pas d'utilité publique. Il fonde son opinion sur les considérations suivantes :

Les courbes raccordant les Aubrais et la gare d'Orléans avec les lignes de Tours et du Centre exigent le même temps pour être parcourues.

En conservant la gare actuelle, le temps sur route sera donc augmenté seulement de celui nécessaire pour franchir, avec la vitesse de marche, l'espace compris entre la courbe et la gare, puisqu'il faudrait pour s'arrêter aux Aubrais diminuer la vitesse, comme on le fait pour entrer en gare d'Orléans. La distance entre les deux points précités étant de 1,500 mètres à peine, le temps perdu sera de une minute et demie pour les trains à grande vitesse et de quatre minutes et demie pour les trains de marchandises.

Entrés en gare d'Orléans, les trains express n'y resteront pas plus qu'aux Aubrais ; car, en admettant qu'il soit indispensable de retourner toutes les voitures au moyen de plaques, cette opération exige, pour les dix voitures dont se composent au plus les trains express, dix minutes seulement. C'est quatre minutes de moins qu'il n'en est accordé aux voyageurs s'arrêtant aux Aubrais et sept à huit minutes de moins qu'ils n'y passent de fait, tous les jours, attendu que le transbordement des voyageurs et des bagages venant d'Orléans retarde de trois à quatre minutes le départ des Aubrais.

Le service, tel qu'il est organisé aujourd'hui pour le stationnement des express à la courbe, est donc gênant pour les voyageurs d'Orléans et sans avantage pour ceux qui dépassent cette ville.

Si, pour remédier aux retards produits par la coïncidence des trains de différentes vitesses, on fait attendre les convois omnibus, les voyageurs des express gagneront peut-être une minute et demie ; mais ceux à petite vitesse perdront certainement beaucoup plus ; or les premiers sont trois ou quatre fois moins nombreux que les seconds, il en résultera donc que l'établissement de la gare des Aubrais augmentera pour la masse des voyageurs la durée et les inconvéniens du voyage.

D'un autre côté, depuis dix-huit mois que le service actuel est établi, le prix des places pour les voyageurs au-delà d'Orléans est resté ce qu'il était jadis, et **M.** l'Ingénieur en chef de la Compagnie a déclaré que le raccourci de

1,500 mètres , procuré par l'exploitation de l'établissement des Aubrais ne les ferait pas changer. Ce que nous venons de dire pour les voyageurs est vrai à plus forte raison pour les marchandises et les bestiaux, qui restent forcément en gare beaucoup plus longtemps, par suite de la nécessité où l'on se trouve de remanier les trains et de réparer les wagons.

Si les voyageurs, poursuit M. l'Ingénieur, n'économisent rien sur le temps du voyage ni sur la dépense, si les marchandises et les bestiaux ne sont transportés ni plus vite ni à moins de frais, il ne pourrait y avoir utilité publique à établir la gare des Aubrais, que dans le cas où celle d'Orléans ne se prêterait pas aux dispositions nécessaires pour assurer les besoins du service des lignes fusionnées.

Le plan des lieux, convenablement modifié, prouve que l'on obtient sur l'emplacement actuel tout ce que le développement du service pourra faire désirer. Dès lors les dispositions projetées par la Compagnie sont inutiles au public et doivent être rejetées par l'Administration.

La Commission, après avoir entendu M. l'Ingénieur en chef du département, examine le plan qu'il produit à l'appui de ses assertions. Elle reconnaît qu'en déplaçant les bâtimens de la gare des marchandises et modifiant celle des voyageurs, on arrive facilement aux résultats suivans :

1° *Pour les Voyageurs :*

La gare aurait six voies de 111 mètres de longueur à couvert, savoir : deux voies d'arrivée, deux voies de départ et deux voies de mouvement. Les trains de voyageurs conduits par deux machines peuvent être formés au maximum de vingt-quatre voitures occupant une longueur de 150 mètres ; mais, en fait, jamais les convois n'ont plus de quinze à seize voitures formant ensemble

100 mètres de longueur. Aussi est-ce cette étendue que M. l'Ingénieur de la Compagnie veut donner à la halle couverte des Aubrais. La gare d'Orléans modifiée suffirait donc parfaitement au besoin du service des voyageurs.

Par suite de la nécessité de répartir le matériel roulant dans les différentes gares des rails-ways, il ne reste guère à Orléans que cinquante voitures à voyageurs occupant ensemble une longueur de 310 à 320 mètres. La remise actuelle modifiée donnerait cinq voies de 110 mètres, soit 550 mètres de développement pouvant contenir quatre-vingt-dix voitures.

2° *Pour les Marchandises :*

La gare étant reportée vers le faubourg Bannier, à 15 mètres de la clôture des terrains de la Compagnie, le massif de terre compris entre les deux travées du pont de la Bourie étant enlevé, on trouve à placer, presque sans sortir des limites actuelles, douze voies, savoir :

Pour les marchandises du Centre, deux voies ayant de longueur.....·...................... 450 mètres ;

Pour les marchandises de Paris, deux voies ayant de longueur .... 550 mètres ;

Pour les marchandises de Tours et au-delà, deux voies ayant de longueur.................... 600 mètres ;

Pour le matériel vide, deux voies ayant de longueur........................... 650 mètres ;

Pour les bestiaux, deux voies encore ayant de longueur........................... 700 mètres ;

Enfin, deux autres voies de 550 mètres de longueur moyenne, passant dans la gare des marchandises, assureraient et faciliteraient le service.

Ce développement des voies de garage est plus que suffisant, puisque les plus grands trains de marchandises, traînés par deux locomotives, ne peuvent pas contenir plus de soixante wagons occupant ensemble une longueur de 420 mètres, et qu'il dépasse d'ailleurs de beaucoup celui que la Compagnie a le projet d'avoir aux Aubrais.

Les chiffres ci-dessus établissent aux yeux de la Commission d'une manière complète que l'emplacement de la gare actuelle d'Orléans pourrait être, ainsi que le dit plus haut **M.** l'Ingénieur en chef du département, facilement appropriée à tous les besoins du service des lignes fusionnées.

Aucun des membres ne demandant plus la parole, M. le Président déclare la discussion close.

La commission s'ajourne à vendredi prochain 28, pour arrêter définitivement l'avis motivé sur la question qui lui est soumise.

La séance est levée à quatre heures.

Ont signé : MM. Lacave, *Président ;* A. de Morogues, Ernest d'Illiers, Lesourd, Varnier-Roger, Germon-Douville et Vignat, *Secrétaire.*

Séance du 28 avril.

L'an mil huit cent cinquante-quatre, le **28** avril, heure de une heure, la Commission d'enquête s'est réunie à l'hôtel de la Préfecture.

Etaient présens MM. Lacave, *Président ;* de Morogues, Lesourd, d'Illiers, Germon-Douville, Varnier-Roger, et Vignat, *Secrétaire.* M. Olivier, ingénieur en chef des ponts-et-chaussées du département représente l'administration.

Le procès-verbal de la précédente séance est lu et adopté.

M. le Président demande de nouveau si quelqu'un a des observations à faire. Personne ne prenant la parole, M. le Président met aux voix la question soumise à l'enquête, savoir : Si l'établissement d'une gare de transit aux Aubrais, commune de Fleury-aux-Choux, est d'utilité publique ? — M. l'Ingénieur en chef du département, ne croyant plus sa présence utile dans la Commission se retire. La commission, à l'unanimité, déclare que l'établissement d'une gare de transit aux Aubrais n'est pas d'utilité publique, et elle adopte en conséquence le projet de délibération qui suit :

La Commission d'enquête, chargée de donner son avis sur le projet d'établissement d'une gare de transit aux Aubrais, commune de Fleury-aux-Choux ;

Vu l'arrêté de M. le Préfet du Loiret, en date du 7 mars dernier ;

Vu le registre d'enquête ouvert à l'hôtel de la Préfecture le 13 mars et fermé le 1er avril contenant les protestations et les adhésions auxquelles le projet a donné lieu ;

Vu le plan et la note explicative qui y est jointe, fournis par la Compagnie du chemin de fer d'Orléans;

Vu l'opposition audit projet revêtue de 8,206 signatures, dûment légalisées, d'habitans d'Orléans, parmi lesquels se trouve la généralité des notables ;

Vu l'opposition de cinquante-quatre communes de l'arrondissement, approuvée par 3,816 habitans dont fait partie la presqu'unanimité des Maires, Adjoints et Conseillers municipaux ;

Vu le rapport de la Chambre de Commerce d'Orléans

concluant, à l'unanimité de ses membres, au rejet de la proposition;

Vu le mémoire, conçu également dans ce sens, adressé par le Conseil municipal d'Orléans, le 31 octobre 1853, à Son Excellence M. le Ministre Secrétaire d'Etat au département du Commerce et des Travaux publics;

Vu les délibérations en date du 31 octobre 1853 et du 31 mars 1854 prises unanimement par ledit Conseil;

La Compagnie du chemin de fer d'Orléans entendue, d'après le désir de la Commission d'enquête, par l'organe de son délégué spécial, M. Herman, Ingénieur en chef;

Ouï également en ses explications et conclusions. M. Olivier, Ingénieur en chef du département du Loiret, désigné par M. le Préfet pour représenter l'administration dans le sein de la Commission ;

Vu le contre-projet produit par ledit Ingénieur en chef du département ;

Après une discussion longue et approfondie, DÉLIBÈRE :

Considérant que pour que la gare de transit des Aubrais fût déclarée d'utilité publique, il faudrait que son établissement fût justifié par des raisons d'intérêt général ou des nécessités absolues du service;

Considérant qu'aucun motif d'un ordre aussi élevé n'apparaît à la Commission dans le projet de la Compagnie du chemin de fer; qu'en effet, si le stationnement aux Aubrais des trains ne parvenant pas jusqu'à Orléans procure un raccourcissement de parcours de 1,500 mètres, l'économie de une minute et demie pour les convois à grande vitesse, qui en est la conséquence, est plus que compensée par l'obligation de retarder les voyageurs d'Orléans et ceux qui, arrivés dans cette ville par les trains omnibus, doivent passer sur les express;

Considérant que la durée du séjour à la bifurcation des Aubrais, qui devrait être réglementairement de douze à quatorze minutes pour le changement de machines, le graissage des essieux, etc., etc., est en fait augmentée de trois à quatre minutes employées au transbordement des voyageurs de correspondance et d'Orléans et de leurs bagages; que la longueur de ce temps d'arrêt ne pourrait être diminuée pour les trains express sans retarder la marche des convois omnibus qui sont trois ou quatre fois plus nombreux, et sans que l'établissement projeté n'augmente par conséquent, pour la masse des voyageurs, la durée et les inconvéniens du voyage;

Considérant que le perfectionnement de l'installation provisoire des Aubrais ne saurait apporter de modifications sensibles au présent état de choses commandé par les nécessités du service et la commodité des voyageurs;

Considérant que le temps passé à franchir les 1,500 mètres qui séparent les Aubrais d'Orléans est de une minute et demie; que le remaniement des trains à Orléans, quelle que soit la manœuvre qu'on veuille faire faire à chacun des wagons sur les plaques ne demande que huit à dix minutes, même avec les imperfections de la station actuelle; que la réunion de ces deux espaces de temps n'équivaut cependant pas encore à la durée de l'arrêt fait à la bifurcation;

D'où il suit qu'un stationnement aux Aubrais ou à Orléans, d'une longueur à peu près égale, étant nécessaire, il n'y a aucune raison sérieuse de préférer l'avoir ailleurs qu'à Orléans, puisqu'aucune accélération de marche n'en peut résulter;

Considérant que ces vérités sont tellement comprises par la Compagnie du chemin de fer elle-même, que son délégué, M. Herman, Ingénieur en chef, n'a pu établir, devant la Commission d'enquête, les avantages de vitesse que procurerait au public l'exploitation de la gare de transit, et qu'il a déclaré que s'il s'agissait seulement du service des voyageurs , on pourrait effectivement disposer la station d'Orléans de manière à concilier les intérêts généraux et ceux de la Ville ; que le motif qui a surtout déterminé, suivant lui, la Compagnie à ne plus amener le transit à Orléans, est l'insuffisance de l'emplacement pour établir les voies indispensables au garage des marchandises, des bestiaux et des wagons vides;

Considérant qu'en tenant ce langage , **M**. le **D**élégué de la Compagnie a virtuellement avoué que le caractère de gare à rebroussement n'aurait pas été une raison suffisante pour condamner définitivement la station d'Orléans , puisqu'il la juge susceptible, malgré cette disposition, de répondre à tous les besoins du service des voyageurs ;

En effet, la gare des voyageurs, perfectionnée d'après les indications de M. l'Ingénieur en chef du département, comporterait six voies de mouvement d'une étendue totale de près de 700 mètres destinées , deux par deux , à chacun des trois chemins de fer, et cette heureuse disposition ferait disparaître les chances d'encombrement, de rencontres ou de chocs ;

Considérant, en outre, que l'expérience n'a point encore démontré que les gares à rebroussement fussent d'un usage plus dangereux que les autres; qu'au contraire les plus terribles accidens qui soient arrivés sur le réseau d'Orléans spécialement ont eu lieu dans les gares traversées d'Etampes, de Poitiers et de Beaugency ;

Considérant que bien que l'abréviation de 1,500 mètres de parcours dût faire réduire de quelques centimes le prix des places et le transport des marchandises et des bestiaux (réduction dans tous les cas insignifiante pour chaque voyageur ou expéditeur pris isolément), le délégué de la Compagnie du chemin de fer a positivement déclaré que, l'établissement des Aubrais, étant regardé comme une dépendance de la station d'Orléans , aucune différence ne serait faite dans la perception des taxes, que les convois s'arrêtent à la bifurcation ou parviennent jusqu'à Orléans; d'où il résulte que l'exécution du projet de la Compagnie ne procurerait au public pas plus une économie d'argent qu'elle ne lui assurerait des avantages de vitesse et de sécurité;

En ce qui concerne les marchandises et les bestiaux :

Considérant que le retranchement de quelques minutes dans la durée du transport, que pourrait à peine procurer la gare de transit, est sans aucune espèce d'intérêt pour le commerce ; que le stationnement moins long des trains aux Aubrais ou à Orléans ne pourrait même pas abréger le temps entier du trajet, puisque cette durée est motivée non-seulement par la marche à petite vitesse, mais encore par la nécessité d'approvisionner ou changer les machines, de graisser les essieux, de réparer le matériel et surtout de garer un grand nombre de fois pendant le voyage les convois de marchandises pour laisser passer sur la voie principale les trains de voyageurs ;

Considérant que ces causes de retard, inséparables du service des chemins de fer, continueront d'exister, que le transit se fasse par Orléans ou par les Aubrais ;

Considérant que la manutention des convois de marchandises dans la station d'Orléans s'est toujours opérée plus rapidement que ne l'exigeait l'heure fixée pour leur départ, et que ce travail, même dans l'état actuel des choses, pourrait y être accéléré de telle sorte que la manœuvre d'un train de marchandises, quelque important qu'il soit, exigerait moins de temps que celle d'un convoi de voyageurs, si minime qu'il puisse être ;

Considérant que l'emplacement de la station d'Orléans est suffisant à tous égards pour les services que la Compagnie a intérêt à y conserver et même pour ceux qu'elle veut reporter aux Aubrais ;

Qu'en effet, M. l'Ingénieur en chef de la Compagnie a déclaré que l'exploitation actuelle et les éventualités du service futur nécessitaient la construction à la bifurcation : 1° d'une halle couverte de 100 mètres de longueur ; 2° de quatre voies pour les voyageurs, et de six voies pour les marchandises dont le développement partiel des plus grandes devrait avoir 400 à 450 mètres pour recevoir notamment les trains de bestiaux et de matériel vide ;

Considérant que, d'après les modifications indiquées par M. l'Ingénieur en chef du département, la station d'Orléans offrirait (outre les six voies couvertes de chacune 111 mètres pour les voyageurs, alors que M. l'Ingénieur de la Compagnie n'en demande que deux de 100 mètres aux Aubrais) :

1° Cinq voies de 550 mètres de développement sous la remise actuelle pouvant contenir un dépôt de 90 voitures, nombre beaucoup plus que suffisant ;

2° Deux voies ayant chacune de longueur 450 mètres pour les marchandises du Centre ;

3° Deux voies ayant chacune de longueur 550 mètres pour les marchandises de Paris ;

4° Deux voies ayant chacune de longueur 600 mètres pour les marchandises de Tours ;

5° Deux voies ayant chacune de longueur 650 mètres pour les bestiaux ;

6° Deux voies ayant chacune de longueur 700 mètres pour le matériel vide ;

7° Enfin deux voies supplémentaires de 550 mètres de longueur moyenne pour assurer et faciliter l'exploitation ;

Considérant que l'emplacement de la station d'Orléans, permettant donc de construire toutes ces voies qui ont un développement plus considérable que celles projetées aux Aubrais, peut parfaitement répondre à tous les besoins actuels et futurs du service des lignes fusionnées, tels que les a prévus d'ailleurs M. l'Ingénieur en chef du Chemin de fer ;

Considérant, d'un autre côté, que les tarifs du Chemin de fer ne seront pas plus modifiés pour les marchandises et les bestiaux que pour les voyageurs ; que, sous ce rapport comme sous tous les autres précédemment examinés, l'intérêt général ne peut donc pas tirer de profit de l'établissement de transit ;

Considérant que l'exécution de ce projet inutile au public, causerait un immense préjudice à la Ville d'Orléans et aux communes circonvoisines, dont les populations repoussent les prétentions du Chemin de fer ;

Considérant que la création des Aubrais, où serait centralisé le transit de la moitié de la France et le mouvement du matériel qu'il nécessiterait, où irait inévitablement se grouper un nombreux personnel, ne manquerait pas d'avoir pour résultat l'amoindrissement de l'embarcadère d'Orléans ;

Considérant d'ailleurs que le délégué de la Compagnie n'a pas cru devoir se prononcer sur l'importance que, dans l'avenir, le Chemin de fer pourrait donner à la station des Aubrais ; qu'il a au contraire prévu des circonstances dans lesquelles cette station serait touchée par des trains express qui ne desserviraient pas Orléans ;

Considérant que l'étendue affectée à cet établissement (23 à 24 hectares) par le plan soumis à la Commission représente le double de la superficie nécessaire au système de voies proposé par M. l'Ingénieur en chef du Chemin de fer, et doit faire craindre à la Ville d'Orléans que ce surcroît d'emplacement ne soit destiné par la Compagnie à des spéculations sur les terrains après que la population aura été appelée près des Aubrais ;

Considérant que le périmètre dans lequel est forcément renfermée la station de Paris ne lui permettant pas de satisfaire aux besoins toujours croissans des lignes fusionnées, la gare d'Orléans située au point d'intersection de quatre chemins de fer doit prochainement lui venir en aide ; qu'il est essentiel que la Ville ne perde pas les avantages qu'un pareil état de choses procurerait à sa population, à son commerce et à son industrie; que l'établissement des Aubrais étant créé, la commune de Fleury recueillerait seule ces avantages et attirerait de plus à elle une partie notable des commerçans et des ouvriers d'Orléans ; que ce déplacement de transactions et cette émigration des travailleurs ne pourrait avoir lieu sans porter un coup terrible à la prospérité de la Ville d'Orléans ;

Considérant que le commerce orléanais est déjà trop grièvement lésé par le système de tarifs différentiels qui tend à appauvrir les régions intermédiaires en favorisant exceptionnellement quelques contrées situées aux extrémités du réseau ;

Considérant que la station d'Orléans, déshéritée du transit et réduite au service local de plus en plus amoindri , perdrait presque toute son importance ; que les constructions particulières qui l'avoisinent et les industries qui se sont créées près d'elles seraient fortement dépréciées ;

Considérant que les énormes dépenses faites par la ville pour créer un nouveau quartier autour de l'embarcadère, deviendraient, par suite, presque inutiles ;

Considérant que la ville d'Orléans a toujours protesté contre la gare provisoire des Aubrais et contre le retrait qui lui a été fait de deux trains express;

Considérant enfin que si le public n'a aucun avantage à obtenir de cet établissement, que si la ville n'a qu'un grave dommage à en attendre, la Compagnie du chemin de fer n'est mue, en le désirant, que par des idées d'économie et de fiscalité;

Considérant, en effet, que sur une ligne aussi fréquentée que l'est celle d'Orléans, le retranchement d'un parcours de 1,500 mètres dont la Compagnie concessionnaire entend néanmoins toucher le péage, constitue une source de bénéfices considérables, que, dans l'espèce, le chemin de fer pourrait retirer avec son trafic actuel, et sans évaluer l'accroissement prodigieux qu'il prend continuellement, de 80 à 100,000 fr. par an de ce chef seulement, et que ce profit, augmenté de celui réalisable sur la cession des terrains des Aubrais inutiles à la Compagnie et de celui que procurerait l'affranchissement de tous droits d'octroi, explique suffisamment les projets de la Compagnie ;

La Commission d'enquête, convaincue par tous les motifs qui précèdent, que l'établissement des Aubrais est sans importance réelle pour le pays, puisqu'il n'occasionne aucune supériorité de vitesse, de sécurité et d'économie ;

Que la ville d'Orléans, dont la station actuelle peut recevoir toutes les améliorations exigées pour un bon service, éprouverait au contraire un grave dommage en perdant les avantages attachés à sa position géographique et ceux qu'elle tient des lois mêmes de concession qui l'ont créée tête de ligne de trois chemins de fer ;

Que la Compagnie d'Orléans est déterminée à jouir seule des bénéfices qu'elle retirera de l'exploitation de la gare des Aubrais ;

Est d'avis, à l'unanimité, que l'établissement d'une gare de transit aux Aubrais, commune de Fleury, n'est pas d'utilité publique.

M. le Président déclare terminées les opérations de la Commission d'enquête et lève la séance à trois heures.

Ont signé : **MM. Lacave**, *Président*; Ernest d'Illiers, A. de Morogues, Varnier-Roger, Lesourd, Germon-Douville, et Vignat, *Secrétaire*.

Pour copie conforme :

Le Président de la Commission ,

L. LACAVE.